Exploremos China

por Walt K. Moon

BUMBA BOOKS™
en español

EDICIONES LERNER ◆ MINNEAPOLIS

Nota para los educadores:

En todo este libro, usted encontrará preguntas de reflexión crítica. Estas pueden usarse para involucrar a los jóvenes lectores a pensar de forma crítica sobre un tema y a usar el texto y las fotos para ello.

ediciones Lerner
Una división de Lerner Publishing Group, Inc.
241 First Avenue North
Mineápolis, MN 55401, EE. UU.

Si desea averiguar acerca de niveles de lectura y para obtener más información, favor consultar este título en www.lernerbooks.com

Library of Congress Cataloging-in-Publication Data

Names: Moon, Walt K., author.
Title: Exploremos China / por Walt K. Moon.
Description: Minneapolis : Ediciones Lerner, [2017] | Series: Bumba books en español—Exploremos países | Audience: Ages 4–7. | Audience: Grades K–3. | Includes bibliographical references and index.
Identifiers: LCCN 2016042729 (print) | LCCN2016043754 (ebook) | ISBN 9781512441208 (library binding : alk. paper) | ISBN 9781512453928 (pbk. : alk. paper) | ISBN 9781512449815 (eb pdf)
Subjects: LCSH: China—Juvenile literature.
Classification: LCC DS706 .M6518 2016 (print) | LCC DS706 (ebook) | DDC 951—dc23

LC record available at https://lccn.loc.gov/2016042729

Fabricado en los Estados Unidos de América
1 – CG – 7/15/17

Expand learning beyond the printed book. Download free, complementary educational resources for this book from our website, www.lerneresource.com.

Tabla de contenido

Una visita a China

China es un país que queda en Asia.

China es muy grande.

Tiene mucha gente.

China tiene montañas altas.

Tiene desiertos y llanuras.

Está al lado del océano.

Los pandas viven en China.

Son de color blanco con negro.

Los pandas comen plantas

llamadas bambú.

El bambú crece en los bosques.

China tiene muchos bosques.

China tiene ciudades

grandes.

Estas ciudades están

creciendo rápidamente.

Mucha gente vive ahí.

¿Por qué se
muda la gente
a las ciudades?

Mucha gente visita China.

Visitan la Gran Muralla.

Fue construida hace cientos de años.

Está hecha de piedra.

¿Por qué piensas que la gente construyó la Gran Muralla?

Los dumplings son una comida china popular.

Los dumplings están envueltos en una masa.

Los rellenan de carne o de vegetales.

¿Qué otras comidas están hechas de masa?

18

A mucha gente en China

le encantan los deportes.

El baloncesto es popular ahí.

Mucha gente también anda

en bicicleta.

China es un país bonito.

Hay muchas cosas para ver.

¿Te gustaría visitar China?

Mapa de China

desiertos

la Gran Muralla

China

montañas

océano

Glosario de las fotografías

desiertos

lugares secos
donde llueve poco

dumplings

carne o vegetales
envueltos en una masa

llanuras

pedazos grandes
y planos de tierra

pandas

animales de color blanco
con negro, que viven en
bosques y comen bambú

Leer más

Perkins, Chloe. *Living in . . . China.* New York: Simon Spotlight, 2016.

Sebra, Richard. *It's Chinese New Year!* Minneapolis: Lerner Publications, 2017.

Trueit, Trudi Strain. *Giant Pandas.* Mankato, MN: Amicus High Interest/ Amicus Ink, 2016.

Índice

Crédito fotográfico

Las fotografías en este libro se han usado con la autorización de: ©testing/Shutterstock.com, p. 5; © aphotostory/Shutterstock.com, pp. 6–7; © Hung Chung Chih/Shutterstock.com, pp. 9, 23 (esquina inferior izquierda); © SJ Travel Photo and Video/Shutterstock.com, p. 10; © dibrova/Shutterstock.com, pp. 12–13; © aphotostory/Shutterstock.com, p. 14; © hanapon1002/Shutterstock.com, pp. 17, 23 (esquina superior derecha); © baona/iStock.com, p. 18; © Jakrit Jiraratwaro/Shutterstock.com, p. 21; © Red Line Editorial, p. 22; © Jose L Vilchez/Shutterstock.com, p. 23 (esquina superior izquierda); © Raywoo/Shutterstock.com, p. 23 (esquina inferior derecha).

Portada: © Izmael/Shutterstock.com.